LO QUE NO SUPE EXPRESAR

XAVI MARTÍN BRAU

LO QUE NO SUPE EXPRESAR

EXLIBRIC

ANTEQUERA 2021

XAVI MARTÍN BRAU

LO QUE NO SUPE EXPRESAR

Prólogo

Me llamo Xavi, tengo 28 años y quería narrar en este libro lo que nunca supe expresar. Sinceramente, se me da mejor escribir. Si escribes, tienes tiempo para pensar en lo que vas a decir y puedes expresarte correctamente. Sin nervios, sin nudos en la garganta. Con un tictac que no se puede parar, pero me gusta pensar que no existe.

Quiero intentar expresar mi amor a una persona muy importante para mí. Perderme en un laberinto de palabras mientras narro cómo llegué a enamorarme de ella. Fui creciendo y aprendiendo, perdiéndome buscando en el significado del amor y todo lo que conlleva. Escribiré mi punto de vista de lo que he vivido y ofreceré mis consejos. Quizá sirvan para algo a alguien.

Puede que se me olviden algunos detalles, pues tengo mi pasado un poco borroso. Es como buscar en una niebla espesa.

Virtudes y defectos

De pequeño, como muchas personas de mi generación, me crie viendo películas de cuentos de hadas y princesas (ya sabéis, esas de unos perros comiendo unos espaguetis en plan romántico, por ejemplo). Esos vídeos ya te enseñaban lo que era el «amor» y lo bonito que era rescatar a una princesa. Pero luego crecí y, pese a que me seguían pareciendo películas preciosas, ya no las veía igual. Las mujeres no son de porcelana, no necesitan ser rescatadas, no hay dragones custodiando un castillo (ojalá existiesen los dragones, me encantan). Pero no, no hay nada de eso y, sinceramente, prefiero a las personas tal y como las conozco fuera de los cuentos. Con sus virtudes y sus defectos.

El pasado

Realmente no me gusta hablar del pasado, solo lo justo. Considero que el pasado sirve para aprender de sus errores. Recordar lo bueno está bien mientras no te estanques en ello, pero recordar lo malo para que no tropieces con las mismas piedras también es necesario. Eres quien eres porque has vivido lo que has vivido, te has juntado con quien te has juntado y has visto lo que has visto. Cuando uno ya empieza a madurar, tiene el deber de pensar por sí mismo y decidir qué es lo que está mal y lo que está bien.

¿Cómo quieres que te recuerden? ¿Qué tipo de persona quieres ser? Muchas personas no se lo han planteado. Son malas porque las trataron mal. Otras son peores porque no conocen la bondad, ya que las educaron con maldad. Puede ser muy complejo y le he dado muchas vueltas. Decidí dar mi tiempo a quien yo quiera y no malgastar ni un segundo en gente que no sabe lo que es tener corazón. Para algunos, es solo un motor en el pecho, no saben el significado de algo tan valioso. Ni la ciencia lo puede explicar. Si el amor fuese fácil, si hubiese palabras suficientes para describir tal cosa, no estaría escribiendo esto, intentado descifrar el sentido de la palabra. ¿Quizá sea imposible?

Lo único que sé es que quería escribirte desde el principio.

POEMA 1

Un pasado lleno de errores, hay que aprender.
El presente no es diferente, debes saber
que si no corriges tus fallos no cambia nada,
seguirás con esa expresión triste en la mirada.

Primeras impresiones

Tenía unos catorce años, época de instituto, de ser un niño que no sabía nada de la vida y que tenía mucho que aprender. Yo era un chaval muy tranquilo y delgado, en eso no he cambiado nada. Era tímido y me costaba ser sociable con los demás. Me refugiaba, como muchos adolescentes, escuchando música y pasando de todo. No le veía el sentido a la vida. No tenía ambiciones pese a que ya empezaba a escribir mis primeras canciones. El mundo me abrumaba y solo dejaba pasar los días, pensando que cambiarían en algún momento. Siempre fui alguien tranquilo e incluso me han dicho que transmito tranquilidad, pero mi cabeza estaba acelerada pensando en miles de cosas. Pensaba que la vida era aburrida y por eso solo les dedicaba tiempo a los videojuegos y a la música. Lo que pasaba en realidad es que ya estaba exprimiendo mi mente artística, pero no lo sabía.

Un colega me presentó a alguien por un chat (ese programa donde reinaba el caos con sus zumbidos) y estuve hablando con esa persona durante un tiempo. No recuerdo muchos detalles, pero después de tanto hablar ya tocaba quedar y vernos cara a cara.

Había ligado, así que fui a Badalona, donde me dijo que podíamos vernos. Aproveché que mi padre vivía en Barcelona para ir hacia allí desde su piso, ya que yo vivía en Bigues i Riells con mi madre y estaba bastante lejos. Después de perderme por el tren y el metro, llegué allí y la encontré con un grupo de amigos. Todos me saludaron y nos presentamos. Hubo alguien en especial que me saludó de una forma extraña. De esa persona quiero hablar en este libro. Ella estaba ahí por puro capricho del destino. Nos saludamos por educación, pero me saludó de una manera un tanto peculiar. Primero, una bofetada.

—¡Por si acaso! —me dijo—. Porque todos los hombres sois malos.

Tenía razón, hay más personas malas que buenas. Luego vino el saludo. Supongo que quería comprobar mi reacción y ver qué tipo de persona podría ser. No le salió mal la jugada, ya que otras personas la hubiesen insultado y yo simplemente la ignoré, pues no tenía ganas de pelearme con nadie. Me di cuenta de que era diferente. «¿Qué hace esta tía dándome una bofetada si no me conoce de nada?», pensé. Eso sí que es dejar huella de manera literal. Era difícil no fijarse en ella, porque destacaba en el grupo y hacía cosas que llamaban la atención. Era bajita, rubia, vestía muy mona, se reía a carcajadas y siempre daba la nota. «Vaya loca», pensé mientras me reía de sus tonterías. También creí que no la vería más, pero nuestros caminos se cruzaban una y otra vez.

POEMA 2

No juzgues a nadie por su portada,
esconden sentimientos que tú no entiendes.
No quieras comprender su coartada,
te explicarán su verdad si te lo mereces.

Aceptando la locura

Ella, desde mi perspectiva, solo era una amiga que destacaba por sus acciones. Hacía cosas sin pensar. Llamaba la atención incluso cuando no quería. Conseguía hacerte reír aunque no quisieras. Si había que bailar delante de mucha gente, lo hacía; si tenía que saltar al agua, saltaba. No le importaban las miradas de los demás y parecía que su vida era una discoteca sin fin. Entre unas cosas y otras, el tiempo pasaba y empecé a cogerle aprecio. Quedábamos en la playa, en la ciudad, nos valía cualquier lugar.

Llegó una noche en la que pude realmente hablar con ella. Al principio era raro, no sabía si dormir o darle conversación. Ella estaba en otro sofá del mismo comedor y, la verdad, tenía sueño. Aun así, empezamos a hablar. No recuerdo de qué, pero de lo que estoy seguro es de que hablamos de mil cosas. Resultó que era muy madura y nunca la había visto calmada y seria, hablando de cosas más importantes. Entendía perfectamente mi mente y mi desvarío como artista, e incluso recuerdo que hablamos sobre el amor sin llegar a ninguna conclusión, como era lógico. Pasaron las horas, el sol empezaba a asomarse y a bostezar, nosotros seguimos la conversación en el balcón. Me di cuenta de que no era tan diferente, ella buscaba abrazar la felicidad, quería vivir. ¿Cómo no lo percibí antes? Lo que pasaba es que era un chico inmaduro. Sus locuras, en realidad, eran mi miedo a la vida.

Me enseñó una buena lección aquella noche y aún no sabe lo agradecido que estoy con ella. Tenía que aprender de su manera de actuar, que debía vivir más y pensar menos. Éramos jóvenes y la vida se vive solo una vez. Mi amiga, que resultó no ser extraña, me dio confianza y empecé a sentir cariño por ella. Nunca pensé que conectaríamos tan bien.

Poema 3

Los momentos suceden y se quedan en tu memoria,
cual bucle quedan atrapados en el tiempo.
Algunos ofrecen sonrisas, otros van doliendo.
Son piezas que forman parte de tu historia.

Admiración

A medida que quedábamos, se iba notando que éramos más cercanos. Empecé a enseñarle mis canciones de forma natural, como si llevase toda mi vida haciendo lo mismo cada vez que la veía, como un ritual. Incluso le cantaba algunas que aún no había publicado. En uno de esos días, cuando le enseñé una letra, me fijé en sus ojos. Le brillaban. Esos ojos verdes me deslumbraban y mostraban admiración. Me impactó. No sabía que realmente estaba tan interesada en mis temas. Jamás había visto a alguien escuchando con tanto interés (ha sido mi mejor público desde entonces, eso ya lo confirmo desde ahora mismo).

Ella no lo sabía, pero yo también la admiraba (no estoy hablando de amor, en aquel entonces mis ojos eran para otra persona). Lo que me gustaba era su locura. Lo que tiempo atrás era para mí algo que no entendía se había convertido en un deseo. Deseaba dejar de ser quien era y aprender a estar loco. Me encantaban las ganas que tenía de comerse el mundo y, poco a poco, aprendí de ella. También crecí mucho como artista. Las ganas de ver esos ojos brillando y mostrando aceptación de lo que había escrito hicieron que quisiera mejorar como nunca. Por fin alguien me tomaba en serio y, tal y como aprendí, no pensaba desperdiciar algo así, ya que había confianza y su opinión era sincera, pues no hay nada más valioso para un músico que hacer que sus canciones hagan vibrar almas.

Poema 4

Unos ojos que brillan con sinceridad
pueden darte vida y felicidad.
Unas palabras bien elegidas, que muestran afecto,
pueden ayudarte a caminar por un camino recto.

El amor es doloroso

Cuando era un adolescente, creía que el amor era sencillo (no podía ser tan complicado). Pensaba que si tenías ganas de ver a tu pareja, eso era amor. Que simplemente la quería porque tenía ganas de estar con ella. Pero el amor no funciona así (a mis amistades también quiero verlas y eso es otro tipo de amor, es cariño hacia las personas).

Después de un año o dos (no lo recuerdo bien), mi pareja se fue con otra persona. Lo que yo llamaba amor se esfumó un día cualquiera, sin ni siquiera saber qué había hecho mal. Porque cuando no tienes nada de experiencia con las personas, piensas que has hecho algo mal y no paras de pensar en ello, buscando el problema, cuando la solución, en muchos casos, no era ni buena ni mala. Me sentí muy mal y no sabía qué hacer. Si hubiese entendido que solo terminaba un capítulo de mi vida, que las cosas pasan y punto, que no hay que hacer nada malo para que cambie tu mundo, quizá ni hubiese llorado. Pero no se puede evitar: te quedas soltero, lloras y lo gestionas como puedes. Que el amor es sencillo, eso decían. El amor es como aquellos candados a los cuales nunca les fabricaron llaves para abrirlos.

Aquel día aprendí que el amor era doloroso.

Poema 5

Media vida jugando al amor.
Otra media buscando su color.
Alegrías, disgustos y un calor
que rechazamos por miedo y dolor.

Las amistades

Entre lágrimas y sollozos estaban mis amigos. La amistad es muy importante. Te abrazan y te hacen reír cuando lo necesitas. Están en lo bueno y en lo malo. Me apoyaron y me dijeron miles de veces que así es la vida, que esas cosas pasan y que estaría mejor con el tiempo. Pero, como todos cuando nos sentimos en el lodo, hice caso omiso a lo que decían (solemos ignorar los consejos, cuando deberíamos escuchar más a nuestras personas cercanas). Tus amigos y tus amigas son las personas que se van a quedar a tu lado como una pequeña familia. Con la diferencia de que esa familia la eliges tú. A veces desaparecen, te peleas; otras veces no los vuelves a ver. Pero conforme pasan los años te das cuenta de que la amistad es igual, en gran parte, que el amor. Son relaciones con personas, las debes cuidar lo mejor que sepas si de verdad quieres que sigan en tu vida. Incluso así puede que desaparezcan, pero también vendrán personas nuevas. Ni te imaginas cómo puede cambiar de un día para otro tu vida.

Mi amiga me apoyó aquel día, cuando aprendí que el amor era doloroso (y lo sigue siendo). Pese que a mí me conocía menos, ella, siendo más madura, se decantó por defenderme y animarme, ya que vio que no tenía culpa de nada. Seguimos quedando después de todo aquello. A mi ex no le hacía gracia, pero eso no nos importaba mucho. Nuestra amistad no se iba a romper con tan poca cosa.

Lo único que sabía con certeza es que cada vez se hacía más importante para mí.

POEMA 6

Tus amistades son importantes,
forman parte de tu vida,
te ayudan a seguir hacia delante,
están a tu lado cuando lo necesitas.

Cicatrices

Con dieciséis años llega otra época de tu vida. Terminas el instituto y te ves con la obligación de pensar diferente. Mi vida no había cambiado mucho. El tiempo fue pasando, el corazón siguió latiendo, la vida continuaba y, por lo tanto, seguí quedando con ella.

Nuestra personalidad cambiaba y los amigos se alejaban. Éramos más maduros, aunque solo un poco más, pero lo suficiente como para notar los cambios. A veces quedaba solo con ella porque los demás no podían. La vida seguía y veías a quien podías. Por suerte, ya habíamos forjado una confianza y no había problema en quedar a solas. Volvimos a dar vueltas por la ciudad; nada había cambiado, pero a la vez era todo diferente. Faltaban las risas de los demás y, acostumbrados, se nos hacía raro. Seguimos hablando y conociéndonos mejor, se respiraba la tranquilidad y aprendimos que tampoco era nada malo, que había tiempo para todo.

Llegó el día en el que estuvimos hablando de lo sucedido tiempo atrás. Para mi sorpresa, no dolía hablar de todo aquello. Ella también pasaba lo suyo, pero eso no lo voy a contar. La cuestión es que hablando nos ayudamos y fuimos madurando cada vez más.

Aprendimos que las cicatrices no dolían si estabas en paz contigo mismo.

POEMA 7

Hay que aprender de cada cicatriz,
a veces disimular el dolor cual actriz,
pues no todos comprenden tus palabras
ni entienden tu voz quebrada.

Una despedida diferente

Era un día más, habíamos paseado por un centro comercial para pasar aquella tarde. Entramos en las tiendas y pasamos un buen rato. Las sonrisas nunca habían faltado en su presencia. Hacía frío, y cuando volvimos nos sentamos cerca de un río bajo el cálido sol. Me apoyé en ella con plena confianza. Se estaba tranquilo y podría haberme quedado dormido de lo cómodo que estaba, si no fuese porque me daba conversación.

Se hizo tarde y tenía que coger el metro para volver a casa. De repente me puse muy triste y no tenía ganas de irme. Tuve que poner muy mala cara, ya que me preguntó si estaba bien, preocupada.

Quería quedarme acurrucado y dejar pasar las horas, me sentía feliz. No necesitaba nada más en ese momento. Estaba demasiado bien a su lado y la idea de despedirme se me estaba haciendo difícil de asimilar. Aunque no quieras, la luna llega para arroparte con su pálida luz, y yo era aún muy pequeño como para estar más tiempo allí.

Me acompañó hasta la parada y la abracé como siempre para despedirme. De repente me puse nervioso en cuestión de una milésima de segundo. Me dio por fijarme en ella aquel día. Era extraño, pues nunca me había fijado en que, tanto por dentro como por fuera, era la mujer más bella que había visto en mi vida. Me di cuenta de su ternura, de que no había conocido a nadie igual, tan amable, divertida y bonita. Incluso pese a lo que he mencionado de ella, también era tímida. Estuve un rato diciendo tonterías y no paraba de despedirme sin moverme del sitio, pues no quería separarme de su lado.

Me fui inquieto, me puse los cascos mientras viajaba en el metro y mi cabeza solo daba vueltas. Qué sensación más rara había tenido y qué rápido había pasado todo. Me tranquilicé un rato, pero esa noche no pude dormir.

POEMA 8

El mundo cambia en tan solo unas horas,
que no te sorprendan sus casualidades,
pregúntate qué harás en el ahora.
Se abren caminos nuevos e interesantes.

Miles de preguntas

¿Me estaba enamorando? «Pero si no sé lo que es el amor, ¿cómo voy a estar enamorándome?», me dije a mí mismo.

Claro que tenía ganas de verla de nuevo, pero ya comprobé, mientras observaba mis cicatrices, que eso no era amor. ¿Entonces qué me estaba pasando? Cuántos nervios en tan pocas horas. Empecé a recordar su sonrisa, su mirada, su voz. Estas cosas no ocurren de la noche a la mañana. En unas horas jamás había sentido mi corazón tan alterado, era como si me estuviera gritando. ¿Qué pensaría ella de mí? ¿Qué haría cuando la volviera a ver? ¿Sería capaz de disimular mis nervios? ¿Y si le explicaba que me di cuenta de que me encantaba pasar tiempo con ella? Di miles de vueltas en la cama, me cuestioné miles de preguntas, de las cuales para solo dos o tres he conseguido una respuesta decente hasta el día de hoy. Una es que el amor es diferente para cada persona; la segunda, que si te quieren se quedarán a tu lado (pese a que hay personas que, aunque las quieras, es mejor irte de su vida). Y tres, que muy pocas personas te aceptarán tal y como eres sin querer cambiarte.

Pensé que se me pasaría, pero al día siguiente seguía delirando. No lo quería reconocer, estaba deseando volver a caminar junto a ella. Aquella tranquilidad que me aportaba formaba parte de una felicidad de la cual no tenía constancia. Mi cabeza, absorta en pensamientos, no sabía digerir todos mis sentimientos, pues mi corazón se desentendía de la palabra amor. Al final acepté lo que sentía, era imposible esconder lo que era obvio.

Por lo visto, se encendió una llama entre mi corazón y mi alma, que jamás he sabido apagar ni con toda el agua del universo. Estoy seguro de que, aunque no hubiese oxígeno, la llama seguiría ardiendo sin extinguirse. Ese tipo de fuego no siempre amaina cual tormenta.

Quizá ese fuego es la respuesta más cercana a lo que considero amor, pero sigo sin saber encontrar las palabras adecuadas.

POEMA 9

Quisiera entregar mi corazón,
noches sin dormir en mi cama.
No hay ninguna razón,
haces enloquecer mi alma.

Mi obsesión

Pasaron los meses y cada vez estaba más enamorado. Pensé que era perfecta y ese amor cegó mi juicio. No era capaz de ver sus defectos, bajo mis ojos todo era perfección. Enamorarse así no era bueno. No era consciente de mi falta de madurez y le hice daño. Aunque nunca me lo dijera, sé que la molesté varias veces, pues solo era un crío que no sabía cómo amar a una persona.

Le escribí canciones, poemas, se los recité todos. Incluso me atreví a decirle que todo aquello lo había escrito para ella. Estoy seguro de que fui muy pesado. En cambio, ella quería tanto a su amigo que, en vez de decirle cuatro cosas y ponerle en su sitio (que es lo que me merecía), no dijo nada y aceptaba mis poemas con cariño. Aguantó a este chico tonto porque sabía que no había malicia en su corazón.

Nunca te obsesiones con nadie. Le harás daño y además te harás daño. Sé maduro y consciente de tus actos. Ella solo quería seguir caminando conmigo como siempre habíamos hecho.

Tuve que aprender esa lección antes de quedarme sin mi mejor amiga. Perder a alguien tan importante para ti puede causar algo más que cicatrices. Puede hacerte enloquecer y cambiar tu personalidad.

Cuida y respeta a las personas que quieres.

POEMA 10

De nada ni nadie te obsesiones,
cometerás errores que no podrás solucionar.
Cuida todas tus relaciones,
usa la cabeza, debes razonar.

Mi mayor error

Con unos diecisiete años seguíamos en contacto, pero por algunos motivos como los estudios y otras cosas que ocurrían. Era difícil verse en persona, así que cada uno hacía lo que podía.

Estuve conociendo a una persona, de la cual no quiero dar detalles, que consiguió llamar mi atención (no sabía dónde me estaba metiendo).

Pensé que tampoco estaría mal conocer a alguien y salir. Hasta ahí, todo bien. Después de unos meses, un día que volví a hablar de ella aquella persona, cansada de escucharme decirle que tenía que presentársela, me obligó a bloquear a mi mejor amiga. Hubo varias peleas, ya que le dije que no tenía que ponerse celosa, pero mi falta de madurez, los problemas que tenía en casa y la comida de cabeza que tenía en aquel entonces no me dejaron pensar con claridad durante mucho tiempo. Pensé que quizá era lo mejor, que aquella obsesión se tenía que acabar de alguna manera pese a que seguía pensando que era la mejor persona que había conocido. Creía que de verdad la molestaba después de haberle dicho que estaba enamorado. Tras esa conclusión, quise dejarla en paz y me despedí de una manera bastante forzada. Supongo que tenía miedo, no era el mejor momento de mi vida y estuve varios años pasándolo mal. ¡Fue el mayor error de mi vida!

¿Cómo iba a continuar viviendo si quien me hacía sonreír era ella? Lo poco que había progresado como persona fue de aprender a su lado. Mi vida cambió por completo por la falta de una sola persona (ojalá me hubiese dado cuenta antes, no volví a ser el mismo).

Claro que tuve momentos buenos, pero muy pocos. Además, no sabía apreciarlos, porque también quería que estuviese ella. No fui lo suficientemente maduro y no sabía qué hacer con nada. Mi madre tenía problemas con las facturas y hacíamos lo que podíamos en un bar. Se juntaron otros dilemas y supongo que nuestras mentes, al límite, estallaron cual Big Bang. Después mi camino fue muy diferente.

Estuve unos días con mis tíos, luego llamé a mi padre y también me quedé allí un tiempo. No me llevaba muy bien con él, así que volvieron las peleas (no es que sea mala persona mi padre, pero tiene unas acciones y una manera de pensar que no me gustan o son muy diferentes a mí).

POEMA 11

No tengas miedo a quedarte solo,
teme perder a quienes quieres,
ignora al que te llame loco,
tú debes ser quien eres.

Volviendo a querer vivir

Cuando las peleas llegaron al punto de ser absurdas, acabé viviendo con mis abuelos, a los cuales estoy agradecido porque me aportaron una tranquilidad que necesitaba, una vida diferente. Empecé de nuevo. Apenas me hablaba con nadie, mis amigos se quedaron en Bigues y a mi lado solo estaba mi pareja. No ayudaba mucho estar solo.

Tuvieron que pasar cuatro años desde lo que ocurrió para que cambiasen las cosas (después de tanto tiempo seguía pensando con tristeza en mi amiga).

En aquellos años había hecho nuevos amigos en el pueblo de mis abuelos. Hoy en día siguen siendo de las personas más importantes que he conocido y los pienso cuidar, porque se lo merecen. Cuando quedaba con mis nuevos amigos e hice un poco de vida social volví a sonreír un poco. Estaban cambiando mi cabeza, aunque no lo supiera. Empecé a quedar más con ellos que con mi pareja y, por fin, me di cuenta de que la persona que estaba a mi lado no me daba tan buenos momentos. Me fijé en que no podía salir con mis amigos, me atosigaba y me cortaba las alas. Ahora que tenía veintiún años y que había madurado más decidí actuar. Había que rectificar todos mis fallos.

¿Cómo un músico como yo había dejado que alguien le cortase las alas? Aún me cuesta creer la mente que debía de tener en aquel entonces.

Tengo entendido que en una noche de borrachera me puse a llorar como un bebé. Que solo hablaba de una amiga a la que conocía desde hacía mucho tiempo y de que la quería muchísimo. Pasé un poco de vergüenza al día siguiente mientras me lo comentaban con la resaca (también se ve que les dije a mis amigos: «¡Os quiero, tíos!». Me pongo sentimental cuando bebo), así que decidí volver a ponerme en contacto con ella. No se merecía algo así; ahora que era más maduro tocaba poner los puntos sobre las íes.

Le escribí con la esperanza de que, como mínimo, leyese el mensaje donde le pedía perdón. Esperaba que supiera lo que había pasado. Pasé muchos nervios esperando una contestación y, mientras tanto, hubo varias peleas con la persona que supuestamente me quería (creo que no se daba cuenta de cómo me trataba).

Recibí un mensaje de mi vieja amiga y me temblaba el cuerpo de los nervios. Me escribió con dulzura pese a todo y aceptó que nos viésemos de nuevo. A partir de aquel día, sonreír era más fácil.

Estuvimos hablando unos días a través del móvil para estar un poco al día entre nosotros. Mi pareja me escribía para decirme que por qué no le contestaba «si estaba en línea». Una vez abrí los ojos, vi con claridad que había que cambiar muchas cosas, pues me agobiaba mucho.

Le dije a mi amiga de vernos de nuevo. Era verano y decidimos ir a la playa, como en los viejos tiempos, cuando todo iba bien. Conseguí quedar en la playa con ella. Fui a solas pese a las peleas con mi pareja. Le dejé claro que tenía cosas de las que hablar, que no pintaba nada alguien que no la conocía (me obligó a despedirme y ahora sí quería venir a conocerla, pero era muy tarde para eso). Se creía que iba a hacer cosas que yo jamás haría. Nunca he traicionado a nadie, tengo principios y mi ética la respeto por encima de todo.

Una vez en la playa, lo primero que hicimos fue darnos un abrazo. Aunque fue un simple saludo, se notaba que estábamos un poco tensos y nerviosos. Lo segundo que hicimos fue ir corriendo al agua.

¡Aquella mañana el sol era horrible! Cuando ya nos estiramos en las toallas, fue todo muy relajado y tranquilo. Me dio la sensación de que su mirada me preguntaba muchas cosas, pero no llegó a decirme nada. Hablamos de cosas casuales, comimos por allí y por la tarde me recogió en coche mi pareja. Estaba celosa y enfadada; yo solo sonreía y pensaba que era lo que se merecía. Volvieron las prioridades, y mi amiga era mucho más importante.

Pasé un buen día tranquilo en la playa, pude volver a ver a la persona con la que en gran parte crecí. Ella no lo sabía, pero desde que volvimos a hablar empecé a recuperar esa locura de la que tanto me extrañaba cuando la conocí. Al volver a conversar, pese a que algunas cosas quedaron pendientes, sentí que tenía ganas de volver a vivir. Nunca pensé que un día estirado en la arena con ella podría cambiar tanto mi vida. Me di cuenta de que tenía que dejar a mi pareja: mis alas eran mías y de nadie más. Empecé a buscar la felicidad, cambié cosas de mi alrededor y volví a hablar con mi madre (hacía años que no hablábamos y los dos tuvimos la culpa de ello).

Mi cabeza me estaba taladrando como un pájaro carpintero a un árbol, pero no importaba. Incluso las quemaduras por el sol del día anterior me hacían sonreír. Recuerdo que se me quedaron dos dedos marcados en la espalda; ella me había puesto la crema, pero algo hizo mal en el proceso, así que le escribí para reírme y comentárselo.

A partir de ese día todo fue a mejor.

Poema 12

Una vida que cambia cual película,
unas ganas de revivir cual fénix,
apuntando con una nueva retícula
cómo beber la poción mágica de Panoramix.

Una nueva vida

Quise cortar mis problemas de raíz. Llamé a mi pareja y, cuando estuve cara a cara con ella, le comenté que se había acabado la relación. Se volvió loca y casi tuve que irme corriendo. Me dio un poco de pena, fueron cuatro años y es normal, pero barajando los pros y los contras vi que solo me hacía daño y yo quería hacer mi vida. En unos minutos llamé a mis amigos y les dije que podían contar conmigo, pues eso de «ellos o yo» no lo volvería a oír.

Me quedé soltero y feliz, aprendí que no necesitaba a nadie. La felicidad es algo de lo que te tienes que encargar personalmente. Tú decides con quién quieres compartir los momentos de la vida y tienes que trabajar tu mente. Los días de lluvia también son bonitos, hay que saber pintar la vida de colores, conocer sus matices, cada detalle, aceptar lo bueno y lo malo, pues no hay luz sin oscuridad.

Cuando empiezas a quererte a ti mismo, tu personalidad cambia, tu ánimo es diferente y la gente que te rodea lo percibe.

Pude alzar mis alas y sentirme libre, pude volver a ser yo mismo, sin preocuparme de lo que digan los demás. Aquí realmente empezó mi nueva vida.

POEMA 13

Las personas cambian, hay que crecer.
De cada situación tenemos que aprender.
Aunque a veces nos hagan enloquecer,
aún queda mucho tiempo para perecer.

Cosiendo mis alas

Era cierto que todo iba mejor. Tenía muchas ganas de volver a caminar a su lado, de hablar de miles de cosas, de compartir opiniones y de enseñarle mis canciones nuevas, pero habían pasado muchos años. El día en la playa estuvo bien, ¿pero realmente la conocía después de tanto tiempo? Yo mismo había cambiado bastante. ¿Por qué iba a ser ella igual que siempre? Decidí que antes de volver a compartir parte de mi tiempo con ella tenía que mejorar como persona. Tenía que estar preparado para lo que fuese, ya que posiblemente estaba muy enfadada conmigo. ¿Me preguntaría por qué desaparecí? No lograba reunir el suficiente valor para decir que fui un imbécil inmaduro, fácil de manipular, y que tenía tanto miedo que no supe mandar a la mierda a aquella persona en su momento, que no supe decir que mis amistades van primero.

No sabía por dónde empezar, así que me calmé y empecé a coser mis alas cual herida abierta. Cuando sentí que estaba mejor, que mi personalidad era más estable, recuperé mi manera de ver la vida. Me sentí con valor y le escribí de nuevo. Necesitaba saber más de ella, no conseguí mucha conversación y no sabía de qué hablarle. Mi vida no era muy emocionante en aquellos tiempos si no fuese por mis amigos (supongo que ella en el fondo pensaba lo mismo que yo, que no me conocía). Estaba claro que nos teníamos cariño después de lo que vivimos, pero no se puede evitar pensar: «¿En qué tipo de persona se habrá convertido?». Porque las personas cambian, para bien o para mal, y van cambiando según crecen.

Poema 14

Heridas que tratar, recuerdos que duelen,
movidas que olvidar, palabras que te pueden,
sensaciones como rosas con espinas,
nervios por no saber lo que opinas.

Madurando poco a poco

Quise recuperar mi vida, así que cada vez quedaba más con mis amigos. Me sentía libre y empecé a salir de mi burbuja, la cual ya tocaba hacer estallar. Pasar tiempo con otras personas también te hace crecer, al igual que compartir opiniones, estés de acuerdo o no. Mientras las respetes, no habrá problemas. Incluso probé a ir un par de veces a una discoteca, pero nunca me han convencido. Sigo prefiriendo echar unas partidas mientras bebo algo con los míos. Fui madurando poco a poco e hice lo que pude.

Hoy en día seguimos viéndonos. No hay nada que me dé más paz que estar con ellos. Poner música, discutir de tonterías o cosas serias, dejar pasar el tiempo mientras se derriten los hielos del cubata, jugar a algún videojuego, lo que sea. La cuestión es estar juntos.

Incluso tengo amistades que solo he visto una vez en persona. Aun así, puedo asegurar que me han cuidado más que otras personas que se fueron perdiendo por el camino. Hoy en día puedes comunicarte de cualquier manera y eso permite que sigas en contacto. Cuanto más maduras, mejor eliges con quién quieres seguir hablando.

Estaré eternamente agradecido a quienes siguen a mi lado.

Con todo lo que había sucedido, ya no era el mismo, pero por suerte fui a mejor. Seguía siendo tranquilo, pero me animaba a hablar, no me asustaba conocer a gente nueva. Empecé a tener más ambiciones, en aquel entonces estudiar sonido era mi meta. La vida no me parecía tan aburrida, ya no dejaba pasar los días porque sí.

Aprendí a quererme, la autoestima es muy importante. También seguía siendo muy delgado, pero eso es algo que posiblemente no vaya a cambiar (hoy en día me apodan Rama o Ramita), aunque nunca se sabe.

POEMA 15

Invertir tiempo en personas que quieres,
una sensación de paz cuando te rodean,
mostrándote tal y como eres,
botellas de alcohol que se vacían.

Recuerdos borrosos

Mi cabeza es un puzle donde perdí muchas piezas. El cerebro no olvida, pero no sé cómo lo hace, que es capaz de enterrar recuerdos. Seguro que hay momentos que no voy a contar porque simplemente los tengo borrosos. Es como buscar en una niebla muy espesa: a veces encuentro algo y otras simplemente me pierdo. La visión de cómo ha pasado el tiempo cada uno la percibe desde un prisma muy diferente, así que lo que estoy narrando es mi versión de lo que he ido encontrando hurgando en mi cerebro. Intento escribir lo que recuerdo y describir lo que fue más importante de entre todos esos momentos que viví.

Es más difícil de lo que creía. Normalmente, las personas suelen recordar sus vivencias. En mi caso, nado en aguas profundas y turbias con la esperanza de no dejarme nada por el camino. Cambié de vida y mi mente se dispuso a crear un muro delante del pasado. Cuando intenté saltar por él, había que trepar más de lo esperado. Parece que yo mismo me hubiese colocado trampas para que no se me ocurra ni echar un vistazo.

Mi yo de ayer tendría muchas razones para ser tan meticuloso, pues hasta en aquella pared de piedra enorme había señales que me prohibían el paso. Aun así, estoy dispuesto a describir todo lo que vea detrás del muro.

51

POEMA 16

A mi izquierda, esta soledad que quiere convencerme.
A mi derecha, el imbécil de Cupido enamorándome.
Las palabras vacías de siempre quieren camelarme.
Por suerte, tengo personas que están apoyándome.

Ya saldré de estas arenas movedizas.
Es cuestión de tiempo reconstruir mi cabeza.
Reuniré los fragmentos que se hicieron trizas.
Aprenderé a vivir en este mundo lleno de rarezas.

Perdido en incógnitas

Estoy intentando encontrar respuestas sobre qué es el amor. Es posible que no las encuentre. Estuve hablando con ella hace poco y estuvimos comentando, con un tono burlón, que no sabíamos qué hacer con nuestros corazones.

—Estará perdido por ahí —me dijo ella. Como podéis comprobar, aún hablamos del amor sin encontrar respuestas lógicas.

Estoy abriendo mi corazón en canal para plasmar respuestas que ni yo mismo conozco. Para ver si así, quizá, elimino algunas incógnitas. ¿Por qué me sigue ardiendo el pecho cuando la veo? He intentado escribirle miles de veces y las palabras me parecen insuficientes. ¿Cuándo van a inventar una palabra nueva que resuma todo lo que siento a su lado? Una palabra que evite que tenga que escribirle un libro entero y que, con un poco de suerte, describa solo una pequeña parte de mis sentimientos.

Entre el amor y la locura solo hay un paso. Quizá la historia japonesa sobre el hilo rojo es cierta. ¿Las personas están unidas por el destino? Cuesta creer que sea irrompible el hilo, pero quiero pensar que, realmente, hay parejas que comparten su vida hasta el fin de sus días.

Durante este tiempo he conocido varias mujeres. Algunas me quisieron, para otras solo fui un juguete. Ninguna consiguió enamorarme. ¿Será que no lo intentaron? ¿O quizá yo no mostré suficiente interés por ellas? No recuerdo querer ofrecer mi cariño con tanta intensidad. En cambio, en este libro puedo sentir cómo gotea mi amor tras cada palabra que escribo.

POEMA 17

Un corazón lejano cual estrella.
Un gesto de burla, maldiciendo el amor,
delata que también a ella
le ha causado un gran dolor.

Una persona maravillosa

Después de un año limpiando mis males, llegó el reencuentro tan esperado. En el camino estaba muy nervioso, me temblaban hasta las piernas. Iba a poder verla de nuevo. ¿Estaba soñando? (me costaba de creer; la vida no suele irme muy bien y la suerte nunca me acompaña). ¿Quizá solo quería verme para mostrar su enfado? ¿Pero tantas molestias se tomaría alguien en ese caso?

Cada vez me acercaba más a mi destino. Tuve que andar un poco para llegar hasta su portal, apagué la música y me percaté de que no sabía ni qué había estado escuchando. Mientras el móvil estaba en *play,* lo que de verdad estaba encendida era mi cabeza y sus jodidas preguntas atormentándome con posibles desenlaces. ¿Cómo pedirle perdón? ¿Cómo demostrar que seguía siendo la persona más importante cuando le has fallado de tal manera? ¿Cómo decir que si no fuese porque siguió en mi cabeza yo no hubiese tenido fuerzas suficientes? ¿Cómo explicar que intenté salir a buscarla muchas veces y que no fui capaz?

Hay un proverbio chino que dice: «Cree en las personas por lo que hacen, no por lo que dicen». Yo tenía mucho que decir, pero no sabía qué hacer.

La vi salir de su portal, mi corazón se aceleró como el bombo de un batería intentando tocar a un tempo frenético. Estaba tan nervioso que cuanto más se acercaba peor me encontraba, así que me centré en no desmayarme por el momento.

No sabía ni cómo saludar. Para mi sorpresa, en cuanto se acercó me sonrió y me abrazó sin dudar. Mis nervios se calmaron casi al instante. La abracé tan fuerte que tuve que contener la emoción, pues mis ojos rojos ya decían suficiente (me costó soltarme de aquel abrazo).

Cuando nos pusimos a caminar sin rumbo fijo, mientras estaba callado sin saber qué decir, ella empezó a hablarme como siempre. Mientras escuchaba su dulce voz, sentí una paz que hizo que no dejase de sonreír. Mientras la contemplaba embobado, pude darme cuenta de que no había cambiado mucho. Seguía siendo la pequeñaja de siempre, solo que ahora se había dejado su pelo natural. Era moreno y me encantaba (con el tiempo pude fijarme en que sus ojos verdes a veces tenían tonos marrones; parecía que intentaban estar a juego con el pelo). En cuestión de minutos hablábamos con naturalidad y eso me hizo muy feliz (ya sé que he dicho que la felicidad tiene que depender de uno mismo, pero hay personas que son capaces de alegrarte el día). Cuanto más conversábamos, más me daba cuenta de que seguía siendo una persona maravillosa.

Aunque había cosas que sí habían cambiado. Estaba muy tranquila; los años habían pasado, pero estaba demasiado tranquila. Noté que no brillaba tanto como antes, pensé que simplemente era la madurez (realmente había madurado mucho y eso también me encantaba).

También descubrí que nos parecíamos más que cuando éramos pequeños. Casualidades del caprichoso destino, pues teníamos aún más cosas en común. Seguíamos comprendiendo nuestras perspectivas sobre el camino de la vida y no diferían mucho la una de la otra.

Sentí que ella también estaba contenta de verme de nuevo. Hay cosas que no hace falta decirlas, simplemente se saben, se perciben. Le di las gracias, ya que si no hubiese vuelto a hablar con ella no sé qué hubiese pasado (no me preguntó sobre lo ocurrido, supongo que no quiso atosigarme y se lo agradezco. Pese a todo, no estaba preparado para hablar de cosas tan serias aún).

POEMA 18

Un abrazo que te hace llorar.
Una persona importante que quiero cuidar.
Unos ojos que quise avivar.
Una sonrisa que ya no sabía brillar.

Superpoderes

Hay personas que aparecen en tu vida. No sabes de dónde han salido ni por qué, pero dejan una huella tan profunda que la marca se queda para siempre. Por arte de magia te cambian la vida. A veces con una simple sonrisa o con hablar con ellas un rato, otras veces se quedan y forman parte de tu camino. Puede que te las encuentres de casualidad y no vuelvas a saber nada de ellas. Te dicen una frase que necesitas oír. El planeta es como un pañuelo y, en algunas ocasiones, es cierto. Es como cuando aparece esa canción que necesitas escuchar. Parece que el artista ha escrito esa letra para ti, y te sienta bien.

Estas personas, como si tuvieran algún superpoder, te hacen recordar que la palabra imposible no existe, que debes avanzar aunque estés lleno de heridas porque tienen que cicatrizar en algún momento. Porque las excusas son para cobardes que aún no entienden el juego de la vida y que aún queda mucho para el final de la partida.

Quiero dar las gracias a todos y todas. Gracias por existir.

POEMA 19

Dale las gracias a quien se lo merezca,
a quien su mano te ofrezca.
Te ayudan porque te quieren ver en lo alto,
quieren ver cómo tu felicidad da un salto.

Hasta el fin del mundo

Estuve inquieto durante mucho tiempo. Estaba seguro de que algo había pasado, de que ella no estaba bien. Pese a mis intentos, no conseguí que me contara nada. Es difícil cuando no puedes verte en persona; ella es de esas personas que solo a la cara te cuenta lo que ocurre. Me sentía mal por no saber cómo animarla, ni siquiera podía estar ahí para hacerla reír. Le escribía mensajes absurdos con tal de que se riera un poco. No estoy seguro de si conseguí que se distrajera, pero tenía que intentarlo. No soportaba saber que estaba mal (por suerte, la última vez que la vi noté que estaba mejor, además de contarme lo ocurrido).

Todos pasamos baches, necesitamos tiempo e incluso a veces estar solos para pensar. No siempre se puede evitar lo que vivimos y lo que sucede. Hay que tener un corazón fuerte y una mente firme para afrontar los malos momentos. Es normal derrumbarse y no saber qué hacer. Sobre todo cuando te hundes, rompes a llorar y parece que se vaya a acabar tu vida. Quien haya pasado por un mal trago o por una depresión sabe de qué hablo. Es algo que, aunque lo intente explicar, no lo entiendes hasta que te sucede. No todos estamos preparados para afrontar lo que nos ocurre. No dudes en ayudar a alguien que lo necesita, puede que le salves la vida.

Me alegro de que le vuelvan a brillar los ojos. Me alegra notar en su voz que tiene ganas de vivir y, por mi parte, haré lo que pueda para que siga siendo así. No quiero volver a ver sus ojos sin brillo. Ver la tristeza reflejada en su mirada me mata. No quiero que caigan lágrimas de sus ojos si no son de felicidad. No se merece que nadie le haga daño, todo lo contrario. Lo que merece es que la traten bien, que la cuiden y la mimen. Que sepan apreciar cada detalle de ella, desde sus virtudes hasta sus defectos. Que la amen por su personalidad y no solo por su físico. Que la llamen y le pregunten cómo le ha ido el día.

Le prometí que caminaría con ella hasta el fin del mundo y es una promesa que no pienso romper.

Poema 20

Cuida tu mente, cambia de perspectiva,
de ti depende ver todo abajo o arriba.
Sé cómo se siente cuando no funciona la vida.
Vive el presente, de ti no seas cautiva.

El tiempo

La mejor medicina que pueden recetarte es el tiempo. Suceda lo que suceda, se irá arreglando con el paso de los años (no lo cura todo, pero casi). No podemos quedarnos estancados, la Tierra sigue girando y nosotros debemos hacer lo mismo. Suelta la carga que lleves en la espalda, que no te hagan creer que tienes la culpa de todo lo que ocurre en el mundo, pues a veces son simples estadísticas. Lo vivido tiene su parte de azar. Es cierto que la suerte debes construirla tú, elegir tu camino. Acepta las piedras con las que te tropiezas, porque forman parte de lo que eres ahora. Si cuando pasa el tiempo estás arrepentido de algo, a veces también se puede arreglar. Nunca es tarde para según qué cosas.

Por ejemplo, decidí volver a leer, hacer ejercicio y cuidarme. ¿Qué importan la edad y los años que hayan pasado? He recuperado la rutina y estoy contento. Además, en mi caso aún no estoy tan vejete. El día que no pueda ni subir unas escaleras por la edad tendré que aceptar que es natural, pues el tiempo también te deteriora y erosiona como el agua a la piedra. También intento estar por las personas que quiero. Hoy en día solo muestro mi cariño a algunos familiares y amistades. Tampoco soy mala persona con nadie, pero no todo el mundo se merece mi aprecio. Sigo cumpliendo mis sueños y persigo mis metas. No escondo lo que opino, simplemente soy quien quiero ser. Tenemos una vida muy corta y no pienso desperdiciarla.

Solo queda seguir aprendiendo e intentar ser mejor persona cada día. Conforme más días pasan, más te das cuenta de lo que quieres hacer con tu vida. El tiempo es un invento que, aunque no nos guste, nos hace reflexionar. Si no te agrada el presente que estás viviendo, ¿a qué esperas para cambiarlo? Quizá por eso ahora estoy buscando el significado de la palabra amor.

POEMA 21

El tiempo es un invento sin frenos,
desperdiciamos sus segundos.
Según pasan los años, todo cambia.
Carpe diem, no vivas en la ignorancia.

Un llanto difícil de secar

Aquella iba a ser una tarde cualquiera, de esas en las que quedas para ponerte al día (ya no recuerdo qué edad tendría; entre el trabajo y que ella iba a la universidad, hemos podido vernos muy poco conforme han pasado los años). Íbamos a dar una vuelta y a buscar un lugar donde sentarnos, pero aparecieron nubes grises y empezó a llover. Buscamos un refugio para cobijarnos y a ella se le ocurrió que nos sentáramos en las escaleras de su portal. Al menos ahí dentro no hacía tanto fresco ni nos mojábamos. Por suerte, en aquellos tiempos estaba más acostumbrado a estar a su lado. Ya no sentía tantos nervios y podía conversar tranquilo.

Mientras nos relajábamos en aquellas escaleras, llegó una pregunta que inconscientemente estuve evitando durante mucho tiempo. Me preguntó por qué estuve desaparecido. No fui capaz de contestar y me quedé en blanco. Me puse a pensar cómo explicarle todo bien, pero me dolía tanto el pensar que quizá no la hubiese visto más si no me hubiese dado una oportunidad que me puse a llorar. Sin darme cuenta, acabé medio abrazado a ella, reposando mi cabeza en sus piernas. El pensamiento de no volver a ver a una persona a la que amaba estaba haciendo que me agarrase a ella con firmeza, como si fuera a salir corriendo. Fue comprensiva conmigo (y supongo que entendió con eso que no quise separarme de su lado por intención propia, ya que dejó de preguntar e intentó calmar un llanto que fue muy difícil de secar).

Sigo sin ser capaz de encontrar las suficientes palabras para agradecer su comprensión, así que espero contar lo que nunca le dije aquel día con este libro.

«Lo siento, no volveré a separarme de tu lado».

Poema 22

El miedo te frena, hace que dudes.
Te refugias en tu mente y te encierras.
No te sentirás mejor si a soledad acudes.
Purga el dolor y abre las puertas.

Palabras vacías

¿Cuánta gente promete y ni se molesta en hacer el esfuerzo de mantener su promesa? Las palabras se las lleva el viento, y por eso tú debes ser el pisapapeles, demostrar que no lo dices por decir. Las palabras para alguien que te quiere son importantes y tienen un valor incalculable.

El noventa por ciento de las personas que he conocido mienten. Dicen al aire palabras vacías que se van volando. Esas palabras, sin peso alguno, suelen hacer más daño que bien. No te molestes en abrir la boca si no vas a hacer todo lo posible para cumplir tu promesa. No prometas que estarás a su lado y luego desaparezcas. No digas que eres un buen amigo si luego por la espalda solo hablas mal de todos. No critiques a los demás si tú cometes errores que no solucionas. No hables sin conocer la vida del otro. No pronuncies la palabra amor, ni llenes su cabeza de mentiras, si no vas a cuidar a esa persona como es debido.

Menos hablar y más actuar.

POEMA 23

Las palabras pueden hacer daño,
pueden no tener ningún sentido,
pueden ser guardadas como oro en paño,
pueden ser látigos para tu oído.

Ángel guardián

Quiero demostrar que todo lo que le he prometido es cierto. Este libro es para que ella sepa que mis palabras no son vacías, que voy a estar para apoyarla en todo momento, que siempre tendré un hueco para ella. Estaré ahí para recordarle que se tiene que querer a sí misma, que es inteligente y preciosa, que no hay mujer igual. Suceda lo que suceda, tiene que ser fuerte y no dejarse doblegar. La sociedad te debilita mentalmente y luego te devora (no caigas en sus garras).

Estaré cuando quiera caminar hasta el fin del mundo. Cuando necesite llorar le ofreceré, por mi parte, el cariño que se merece. Ella se preocupa por los demás por encima de su felicidad y a veces se le olvida que tiene que cuidarse y permitirse ser egoísta también. Es difícil encontrar el equilibrio cuando quieres que las personas a las que aprecias estén bien. Cumpliré mis promesas y no dejaré que se sienta sola.

Seré su ángel guardián si fuese necesario.

Poema 24

Su mirada era como el mar en calma, sin olas.
Se estremece mi alma, podría mirar sus ojos durante horas.
Está en mi cabeza desde hace tiempo, incluso ahora.
De amarla no me arrepiento, su ser me enamora.

Hipnotizado

¿Alguna vez te has quedado mirando a alguien como si no pudieras apartar la mirada? ¿Se te ha entrecortado el aire y te costaba respirar con su presencia? Ella es así, la miras y quedas hipnotizado. Es bajita y eso la hace muy mona (puedo imaginar su cara cuando lea lo que digo de su estatura). Tiene el pelo largo, aún conserva su color natural, moreno, y se ha dejado unos rizos rubios que no le quedan nada mal. Ella te mira y te lo dice todo con sus ojos verdosos cual esmeraldas. Te sonríe con una bondad que pocas personas tienen hoy en día. Sus labios carnosos deben de ser dulces, tan dulces como su corazón. Es de esas personas de las que ya no quedan; si te ocurre algo, lo dejaría todo y estaría ahí la primera. Su amabilidad y ternura también reflejan cómo es su alma, la rodea un aura que da paz. Hasta sus manos son pequeñas y adorables. Me entran ganas de achucharla de solo verla, es inevitable. Incluso cuando se enfada y está seria me fascina. Te habla sin pelos en la lengua, deja claro lo que piensa y es algo que admiro. No quiere que le pague la bebida cuando la quiero invitar. Le digo: «Hoy te invito», pero se niega siempre.

Es tan cabezota como yo. Me gusta lo coqueta que es. A veces tengo que esperar un poco de más cuando nos vemos, pero sé que es porque siempre elige bien su ropa y quiere salir guapa a la calle. Lo consigue con creces.

Suele preocuparse demasiado con cosas de la vida, pero poco a poco se ha ido haciendo más fuerte. Estoy seguro de que ahora se ve capaz de avanzar y, como ya he dicho, estaré ahí para recordárselo si se derrumba, tal y como prometí. Otras veces le tomo el pelo y suele quedarse en ese punto donde no sabe si reír o enfadarse.

Es tan inofensiva que no puedo evitar molestarla un poco. Intento muchas veces hablar de tonterías, ya que, si no, me distraigo. Acabaría diciéndole lo mucho que la amo. Mi admiración por ella va más allá que unas simples palabras. Alguien así se merece que le regales todo tu tiempo.

Poema 25

Quiero darte mi corazón envuelto como regalo,
me enloqueces con tan solo un abrazo.
Surcaré los caminos, pelearé con miles de demonios,
buscaré tu sonrisa aunque tuviera que entrar en sus dominios.

¿Querer o amar?

¿Cómo se puede querer y amar a una persona por partes iguales? Querer a alguien no es lo mismo que amar, pero en mi caso la quiero y la amo.

Quiero que siga queriendo caminar conmigo, amo sus andares.
Quiero abrazarla y acariciarle el pelo, amo su olor.
Quiero que sigan brillando sus ojos, amo su mirada.
Quiero que cuente conmigo para lo que sea, amo su compañía.
Quiero que nunca cambie, amo su forma de ser.
Quiero que no desaparezca su sonrisa, amo su ternura.
Quiero que sea feliz, amo su voluntad de acero.
Quiero que me cuente todo lo que se le pase por la cabeza, amo su inteligencia y su voz.
Quiero hacer latir su corazón bondadoso, amo su amabilidad.
Quiero inmortalizar mi amor en estos versos, amo su cariño.
Quiero que siga siendo coqueta, amo su belleza.
Quiero que siga bailando, amo que sienta la música.
Quiero que siga sonrojándose, amo su timidez.
Quiero besarla, amo sus labios.
Quiero saber sobre sus opiniones, amo su madurez.
Quiero contar con ella, amo que sus palabras no sean vacías.
Quiero tumbarme a su lado, amo la tranquilidad que me aporta.

El tiempo pasa muy deprisa cuando estoy con ella. Quisiera parar los segundos para decirle que la amo. Una vida no es suficiente para querer y aún menos para amar. Sus caricias hacen magia, pueden secar mis lágrimas. Su voz calma mi loca cabeza, impide que esté triste. Sus abrazos aceleran mi corazón y me recuerdan que estoy vivo, que tengo ganas de dar mi cariño. Su mirada consigue dejarme sin aliento, sin saber qué decir. Su presencia es una alegría en mi vida; en cuanto la veo a lo lejos ya sonrío como un tonto, un tonto enamorado. Cuando no está cerca me siento vacío, como si faltase una pieza enorme. Quiero amar como nadie la ha amado.

POEMA 26

Su belleza no entiende de estereotipos;
enamorado de su interior, no solo de su tipo.
Mi pecho a punto de estallar por su presencia,
un amor inexplicable por la ciencia.

Para ella

Como puedes ver, no soy capaz de encontrar cómo decirte que te amo. No es sencillo. Sigo pensando que ni con todo el diccionario sería suficiente. Así que he pensado que, como mínimo, dejaré constancia de mi intento. Te dejo mis promesas en este libro para que lo leas las veces que lo necesites.

Lo puedes guardar como un tesoro. Lo puedes quemar como un simple trozo de papel. Haz lo que quieras, pero recuerda que este libro es mi corazón para ti. No se me ocurre otra manera de expresarte mi amor.

Quería contarte lo que nunca fui capaz. Nunca te dije lo mucho que te quiero de una forma correcta. Y decirte que te amo no debería ser tan sencillo como decirte: «Te amo». Eso lo puede hacer cualquiera. Por eso te escribo este libro, porque quiero que sepas lo mucho que me importas.

Mi alma seguirá haciendo música, pues sé que te enfadarías conmigo si no fuese así, pero mi corazón te lo regalo.

POEMA 27

Es difícil explicarte lo que siento.
Tu mirada me deja sin aliento,
unos ojos esmeralda que conquistan a cualquiera,
una ternura que amansa a esta fiera.

Ya no sé qué hacer si no puedo abrazarte,
Estoy triste si no percibo tu presencia.
Por suerte, te conservo en mi consciencia.
Me alivia tu bonita voz y puede sanarme.

No me duelen las heridas al escucharte.
Eres la sonrisa que debe dibujar el arte.
Solo sé hablar de amor si te menciono.
Tu cariño es la gasolina con la que funciono.

Te preocupas por los demás, no eres egoísta.
Aunque debes cuidarte, deja que insista.
Es por ti que mi pulso se acelera.
Quiero hacerte reír, verte feliz es mi única meta.

Epílogo

He podido expresar lo que nunca había expresado. Me siento aliviado, hoy podré dormir tranquilo. La de veces que he intentado expresar mi amor y nunca lo hice correctamente. No son suficientes palabras, pero sí he volcado todo mi corazón en este libro. Espero que su contenido también sirva como consejo a alguien, aunque solo he dado mi opinión en el presente de lo vivido.

El amor siempre será complejo y sencillo a la vez. Cada persona lo interpreta diferente y es curioso. Si estás enamorado o enamorada, cuida a la persona que amas. Si te han hecho daño y piensas que no puedes continuar, no es así, sigue hacia adelante.

Agradecimientos

A July por tener la paciencia de leer y ayudarme a revisar el texto.

A Inma por leer el libro y dar su opinión.

A Marc, Marcel e Ian por explicarme por qué había cosas que no se entendían.

A Albert por corregir muchas palabras que estaban mal escritas.

A Fran por leer y ayudarme con otros detalles.

A Cristina. Eres la protagonista del libro.

A la lectora o lector que haya llegado hasta aquí, gracias por tu tiempo.

Índice

Sobre el autor

Xavi Martín Brau nació en Mataró (Barcelona) en el año 1993. También se le conoce con el apodo de LDS, ya que es artista desde los catorce años, un rapero que nunca tuvo miedo a escribir lo que pensaba y una persona que no deja de crecer gracias a sus ambiciones y a las metas que se propone. Hoy en día es productor musical. Tiene una discografía de nueve álbumes más *singles* que va publicando sin cesar. Se le puede escuchar tanto en YouTube como en Spotify buscando «LDS MC».

www.ingramcontent.com/pod-product-compliance
Lightning Source LLC
LaVergne TN
LVHW040205180726
843489LV00007B/2712